LES
SOCIÉTÉS DE COOPÉRATION

LA CONSOMMATION, LE CRÉDIT, LA PRODUCTION,
L'AMÉLIORATION MORALE ET INTELLECTUELLE PAR L'ASSOCIATION,

PAR

M. CASIMIR PERIER

PARIS
DENTU, LIBRAIRE-ÉDITEUR
Galerie d'Orléans, Palais-Royal

GRENOBLE

MAISONVILLE ET FILS ET JOURDAN
LIBRAIRES-ÉDITEURS
Rue du Quai, 8

TROYES

GAUTROT-BOUQUOT
LIBRAIRE-ÉDITEUR
Rue Notre-Dame

1864

LES SOCIÉTÉS DE COOPÉRATION.

LE CRÉDIT POPULAIRE,

Par M. A. Batbie, professeur à la faculté de droit de Paris; mémoire couronné par l'Académie des sciences morales et politiques, avec une introduction de M. E Horn.

LES ASSOCIATIONS OUVRIÈRES,

Par M. Élie Reclus.

LE VRAI LIVRE DU PEUPLE,

Par Frédéric Taulier, doyen de la Faculté de droit de Grenoble, etc.

SELF HELP BY THE PEOPLE, HISTORY OF COOPERATION IN ROCHDALE,

By G. J. Holyoake.

Grenoble, Maisonville et fils, imp.-lib., rue du Quai, 8.

LES

SOCIÉTÉS DE COOPÉRATION.[1]

I.

L'idée des associations populaires, dont les membres poursuivent un but commun par la coopération de tous, est une idée plus ancienne, plus applicable et déjà plus appliquée que beaucoup de personnes ne le pensent. Je ne parle pas ici des sociétés qui ont pour but la mutualité des secours; celles-là sont très-connues, très-répandues, très-appréciées; elles se sont multipliées à l'infini et se multiplieront d'autant plus qu'elles jouiront de plus de liberté. L'expérience est aujourd'hui complète à cet égard. Je n'ai pas à porter mes regards sur les institutions charitables officielles, quelque dignes d'éloges qu'elles puissent être, sur les innombrables créations de la charité privée, telles que la société de Saint-Vincent de Paul et tant d'autres, sur les œuvres qui ont été fondées ou qui sont soutenues par des compagnies, par de grands industriels,

---

[1] Depuis quelques mois, des hommes d'origines diverses, inspirés par des intentions communes, étrangères à la politique. et parmi lesquels j'ai eu l'honneur d'être admis, se sont réunis pour examiner ensemble, dans des conférences peu nombreuses et toutes privées, les questions qui se rattachent aux associations basées sur la mutualité et la solidarité. Ils se proposent d'en favoriser la propagation par tous les moyens en leur pouvoir. Telle est la pensée qui a dicté ces quelques pages.

pour répandre le bien-être, pour procurer à bon marché, soit des logements, comme le fait la société des Cités ouvrières de Mulhouse, soit des vivres, des vêtements, comme le font des compagnies de chemins de fer (et entre autres la compagnie du chemin de fer d'Orléans) à l'égard de leurs employés et de leurs ouvriers. Si j'ai à revenir plus tard sur ce qui concerne la compagnie d'Orléans, ce sera parce que la vente de denrées alimentaires et de vêtements, telle que cette compagnie l'a organisée, excellente en elle-même, pourrait, avec fort peu de changements, servir de modèle à une société de consommation (1). Je veux ici m'occuper uniquement des sociétés qui reposent sur le principe de l'association coopératrice et qui ont en vue, soit l'alimentation en commun, soit l'achat et la vente des objets de consommation et des matières premières, soit la production industrielle, soit le crédit personnel créé par l'épargne, étendu par la mutualité et fortifié par la solidarité. Tels sont les buts principaux de l'association populaire. Mais il est une infinité d'autres buts qu'elle peut poursuivre : l'habitation, — le loyer d'ateliers communs, — la force motrice créée en grand et répartie, par petites quantités, dans de vastes locaux, pour le travail individuel, — l'achat des métiers et des instruments coûteux, etc. ; puis, dans l'ordre moral, les bibliothèques, — l'enseignement professionnel, etc., — tant d'autres objets encore qu'on ne saurait ni énumérer ni même prévoir, dont des applications se rencontrent déjà dans diverses parties de l'Europe, sont près de se faire ou seront plus tard essayées.

Aucun motif ne s'oppose à l'admission, dans les associations qui tiennent le plus à conserver leur caractère, soit de membres honoraires, soit d'associés bénévoles qui, sans intention, sans besoin probable, mais avec droit entier de prendre part aux avantages, s'engagent à supporter les charges. Il faut, à cet égard, comme pour le reste, laisser aux associations le droit de décider la question en ce qui touche chacune d'elles ; mais je ne pense pas que l'esprit d'indépendance et de liberté soit le moins du monde faussé par cette adjonction. Le concours, les conseils, l'action personnelle de membres éclairés par l'étude (à la condition absolue de ne jamais s'écarter du but de l'association et de ne jamais y chercher des moyens d'influence pour les objets étrangers), peuvent être fort utiles

(1) Je ne citerai pas d'autres exemples afin de ne pas m'exposer à d'injustes omissions ; chacun sait qu'il serait impossible de donner la nomenclature complète de tout ce qu'offrent en ce genre d'utile, de désintéressé, de généreux, nos grands centres industriels, nos villes et jusqu'à nos campagnes.

sans offrir aucune espèce d'inconvénient, sans devoir donner d'ombrage. L'esprit de fraternité chrétienne ne comporte pas d'exclusions; et, de même que devant la loi les droits sont égaux, de même, par une heureuse fiction, disparaissent dans le sein des associations les inégalités de conditions que la vie humaine ne peut pas ne pas créer et maintenir. Quant aux œuvres de la charité, elles ne sont pas amoindries par les efforts de ceux qui cherchent à se suffire à eux-mêmes. Loin de là, l'action de la bienfaisance devient d'autant plus efficace que, sans rien perdre de son énergie, elle a moins à s'étendre. M. Jules Simon a dit, dans un éloquent discours : « Il n'y a pas de remède héroïque à la misère. » Triste, mais éternelle vérité ; dans les états de société les plus perfectionnés, la misère existe et existera toujours ; elle peut s'accroître par le mauvais gouvernement ou par l'application de faux principes économiques ; elle peut diminuer par les causes contraires. L'étude des remèdes propres, non pas à supprimer la misère, mais à la restreindre, est le premier devoir de l'homme d'état et la première satisfaction de l'homme de cœur. Chacun rend hommage, et c'est par là que j'ai commencé, aux merveilles de la charité publique et privée, à toutes les admirables institutions de prévoyance et d'assistance qui font honneur à notre pays ; la religion, l'humanité, ont inspiré tout ce que l'imagination peut concevoir de combinaisons ingénieuses pour que l'enfance trouve un appui, la vieillesse un asile, la maladie des secours ; mais à l'homme valide, à l'ouvrier courageux, ce qui importe, c'est le travail, ce sont les instruments du travail, c'est l'alimentation à bon marché dans laquelle il puise ses forces et qui assure la subsistance de sa famille. La société ne peut pas lui garantir ces biens précieux ; elle doit tout faire pour l'aider à les conquérir. Les gouvernements peuvent ménager les ressources du pays dans les temps prospères, de manière à donner, dans les jours de crise, une vive impulsion aux travaux publics ; mais ce n'est là qu'un palliatif, car les travaux publics sont peu de chose à côté de ce que peut faire l'industrie, par l'initiative individuelle et collective. Le plus puissant moyen d'action des gouvernements, en faveur du travail, consiste à maintenir l'ordre dans la liberté. Je sais que ce rôle si simple à définir est moins aisé à remplir, puisque tant de gouvernements qui se sont succédé, sous tant de formes et sous tant de noms divers, tous guidés par le même intérêt, tous animés d'intentions droites, et momentanément plus ou moins heureux dans leurs efforts, n'ont pas réussi à résoudre définitivement le problème.

Après la révolution de 1848, des essais d'associations pour le travail furent tentés ; la plupart échouèrent. L'enfantement avait été précipité,

car les questions sociales, comme les questions politiques, s'étaient trou-
vées subitement portées, par des événements inattendus, sur un terrain
inexploré et posées dans des termes que l'étude n'avait pas eu le temps de
mûrir. La confusion des idées, des tendances funestes au milieu d'éclairs
de bon sens , le mélange d'instincts généreux et de mauvaises passions,
le trouble moral qui accompagne toujours les révolutions, compliquaient
singulièrement les difficultés. Les temps sont devenus plus calmes; les
leçons de l'expérience ne peuvent avoir été perdues pour tous : il nous
est donc permis d'examiner de sang froid des questions qu'on pourra
essayer de trancher par la force, en des jours de désordre, mais qui ne
seront jamais résolues que par l'esprit de paix et de liberté.

La liberté ne peut conférer des droits sans imposer des devoirs. Ce
serait mal comprendre le rôle des associations , ce serait en mal servir
les intérêts que d'en faire des instruments de propagande politique.
L'esprit de parti et l'esprit de prosélytisme en excluraient vite l'esprit de
fraternité. Créées au nom de la liberté, elles doivent respecter les cons-
ciences et ne s'écarter jamais de leur but. C'est à cette condition seule
qu'elles ne risqueront pas de troubler la paix publique, de tomber sous
le coup des répressions légales ou d'échouer dans l'impuissance et le dis-
crédit. Il y a une politique générale à laquelle toutes les convictions
honnêtes se rallient aisément et qui profite à toutes : c'est la politique
d'apaisement et d'union. Le plus sûr moyen de diriger la nation dans
cette voie, n'est pas seulement de combattre les erreurs et de résister aux
mauvais penchants, il faut aussi laisser la possibilité de l'épreuve à tout
ce que ne condamne pas la raison et ne défend pas l'intérêt public. Sans
doute, dans ces expériences, dans ces tentatives, il y aura des décep-
tions et des mécomptes; mais le grief aura disparu et les pouvoirs publics
auront dégagé leur responsabilité. Rien n'est plus douloureux pour celui
qui souffre et qui espère, que de ne pouvoir essayer le remède dans lequel il a foi. Et s'il voit, à côté de lui, ce remède réussir à d'autres,
comment pourrait-il en supporter la privation sans amertume? Je ne
saurais trop le répéter, je ne demande l'épreuve que pour ce que la raison
et la justice approuvent, pour ce que l'intérêt de la société conseille, pour
ce que l'expérience a déjà consacré en Angleterre, en Allemagne , en
Belgique, en Suisse, partout autour de nous et jusque parmi nous. En
effet, malgré les entraves de la législation , quelques associations ouvrières plus sainement conçues que celles qui ont succombé, ou plus
sagement modifiées, non seulement poursuivent, à Paris et dans les départements , leur existence peu connue, mais il en est qui prospèrent
autant que le permettent les conditions que la législation leur fait ;

d'autres sont en voie de formation et préparent, par l'épargne de leurs membres futurs, le capital nécessaire à leur inauguration.

De nombreux préjugés, et, ce qui est plus fâcheux encore, des objections consciencieuses, mais pas assez réfléchies, s'élèvent contre les associations. Je suis en droit d'affirmer qu'après avoir vu ces préventions partagées par des esprits droits et sincères qui n'avaient pas suffisamment étudié la question, je les ai vues aussi se dissiper devant l'examen et la réflexion. Incapable, pour ma part, de faire aucune concession à des tendances que je jugerais dangereuses, persuadé que flatter les populations ouvrières c'est les mal servir et que c'est se déconsidérer à leurs yeux, je ne voudrais pas plus me prêter à l'exagération de leurs espérances que je ne veux décourager leurs efforts. Je crois qu'un bien réel peut sortir de ces efforts dirigés, sans illusions chimériques, dans la voie rendue plus libre de l'association. Je reconnais au pouvoir, sous tous les régimes, le droit de ne pas laisser couvrir d'apparences mensongères des clubs où son existence serait mise en question. Mais c'est là que je souhaite voir son intervention s'arrêter, en pareille matière, et j'appelle de mes vœux les actes législatifs nécessaires pour faciliter la création des associations coopératrices dans leurs plus utiles applications. Ma satisfaction serait grande si le simple et succinct exposé que renferment les pages suivantes contribuait, pour si peu que ce soit, à faire partager ma profonde conviction qu'autant le but est louable et n'a rien de chimérique, autant les moyens sont irréprochables devant la morale, devant la justice, devant les principes de la plus pure et de la plus saine économie politique. Le communisme supprime la famille et confisque l'individu; il organise la servitude universelle, il fait de l'homme une machine, il enlève au travail le stimulant de la récompense. Tout membre de l'association communiste doit prendre une part égale au bien-être en cas de succès, à la misère en cas d'échec, sans trouver de différence dans son traitement personnel, soit qu'il ait contribué au succès par son dévouement et ses efforts, soit qu'il ait contribué à l'échec par sa paresse et son insouciance. L'association coopératrice, telle que je la comprends et telle qu'elle se manifeste dans les exemples que je recommande, n'impose à l'individu sa part des charges communes que dans la proportion des avantages communs qu'elle cherche à lui procurer. L'individu n'abdique pas, et il dépend de lui d'augmenter son bien-être personnel, car il reçoit en raison de ce que vaut son travail; ses économies lui appartiennent; il en dispose à son gré et ne les place dans l'association que si cet emploi lui semble le meilleur. Il reste son maître enfin, et n'aliène de sa liberté que ce qu'il a accepté d'engager par un contrat synallagmatique. Loin donc que l'association libre, volontaire, fondée sur la mutualité et la solidarité, agissant avec ses forces collectives, mais laissant aux forces individuelles dont elle se compose leur valeur propre et leur récompense, bien loin que cette association ressemble, en quoi que ce soit, au communisme, elle en est précisément le contraire; elle en est la plus formelle condamnation; elle est, contre les erreurs et les périls du socialisme, le plus sûr et le plus généreux des remèdes.

II.

Quiconque voudra écrire l'histoire des sociétés coopératrices, quiconque voudra étudier les questions qui se rattachent à cet intéressant sujet, devra toujours tourner ses premiers regards vers les *Equitables pionniers de Rochdale.* Dans leur œuvre primitive, ces humbles artisans déposèrent, dès l'origine, les germes qui firent leur succès. Avec une merveilleuse intelligence des besoins, des qualités, des défauts mêmes des populations ouvrières, ils créèrent, pour ainsi dire de premier jet, le modèle où il faut chercher les plus sûrs enseignements et les meilleurs exemples. Rochdale, lieu de naissance de M. Bright, est une petite ville à quelques lieues de Manchester, livrée presque tout entière à l'industrie de la laine et du coton. Dans l'hiver de 1844, quelques pauvres tisserands, rendus ingénieux par la misère, se réunirent pour chercher un remède à leurs maux. C'est à grand'peine que la caisse sociale put rassembler quelques shillings : on dut la trouver riche quand, après de longs efforts et de dures traverses, vingt associés possédèrent sept cents francs. Tel fut le point de départ. L'application fut d'abord restreinte à l'achat et à la vente des denrées de consommation les plus indispensables à la vie la plus modeste. Mais le programme était vaste, et, malgré le succès qui est venu couronner l'entreprise, on ne peut s'empêcher de sourire en voyant quelle était l'étendue des aspirations. Il s'agissait presque de régénérer le monde. La déclaration de 1844 indique d'abord, en ces termes, le but de la société :

« Etablissement d'un magasin pour la vente des provisions et des « vêtements ;

« Construction et achat de maisons où pourront résider les membres
« désireux d'améliorer leur condition domestique et sociale ;
  « Fabrication des articles que désignera la société, afin de procurer
« de l'ouvrage à ceux de ses membres qui seraient sans emploi ou qui
« souffriraient d'une trop grande réduction dans leurs salaires ;
  « Afin de mieux assurer le bien-être et la sécurité des membres,
« achat ou location de terres destinées à être cultivées par les bras
« inoccupés. »

La déclaration ajoute : « Aussitôt que faire se pourra, la société
« s'occupera d'organiser la production, la distribution du travail et des
« fruits du travail, l'éducation, le gouvernement, ou, en d'autres
« termes, de fonder une colonie intérieure unie d'intérêts, se suffisant
« à elle-même, et d'aider d'autres sociétés à créer de semblables
« colonies. »

Heureusement le ridicule ne tue pas toujours. Quand, au milieu
d'idées vagues, confuses ou fausses, se trouve une idée juste, cette
idée finit par triompher ; le fond l'emporte sur la forme. Ceux qui,
sous le nom d'*Equitables pionniers* (1) portaient si haut leurs vues
futures, fixaient la cotisation des membres à trois pence (0 fr. 31 c.)
par semaine, et, dans une espèce de trou obscur, ouvraient une bouti-
que éclairée par un bout de chandelle où, le samedi soir, chacun à
tour de rôle venait vendre, en détail et au comptant, une mince pro-
vision de sel, de beurre, de farine et de gruau d'avoine. Dieu sait ce
qu'il fallut de courage et de persévérance pour vaincre les premiers
obstacles et ce qu'il en fallut bientôt pour triompher des résistances et
des hostilités, quand les premiers succès firent prendre l'alarme à ceux
dont les intérêts semblèrent menacés. Les détaillants formèrent une
ligue contre une concurrence qu'ils taxèrent de déloyale, et ils la com-
battirent en vendant au-dessous des cours fixés *au magasin*, comme on
appela, par dérision d'abord, puis bientôt par excellence, le local où
se faisaient les ventes de la société. Rien ne rebuta les courageux *pionniers*, ni les actions judiciaires, ni les sarcasmes, ni les défections. Ils

---

(1) Le mot de *pionniers* a le même sens propre en anglais qu'en français. Au figuré, il
s'applique, en anglais, à ceux qui ouvrent des voies nouvelles dans des régions inexplorées.
Un célèbre roman de F. Cooper l'a rendu populaire.

poursuivirent leur route avec la foi qui devait assurer leur récompense. La clientèle augmentant, la vente eut lieu à des heures et à des jours déterminés. En 1851 commença la vente quotidienne. Peu à peu, outre le magasin général, s'ouvrirent des boutiques séparées. Il y en a seize aujourd'hui, dans différentes parties de la ville, pour la boucherie, l'épicerie, la draperie, les vêtements, la chaussure, etc. La société, devenue prospère, n'a pas négligé le progrès intellectuel. Elle a une excellente bibliothèque, une salle pour les livres, une pour les journaux; il s'y fait ce que nos voisins appellent des *lectures*, où l'enseignement professionnel cède souvent la place aux délassements de l'esprit et aux leçons de morale.

Il est temps de parler de l'organisation de la Société et des simples opérations qui l'ont conduite par degrés au point où elle est arrivée. Tout candidat nouveau doit être admis par le conseil de direction nommé en assemblée générale. Celui qui est refusé peut interjeter appel devant l'assemblée générale. La direction et tous les emplois furent d'abord gratuits; avec la richesse est venue la rémunération. Aujourd'hui les emplois salariés sont nombreux. Il ne pouvait pas en être autrement pour des fonctions qui absorbent presque tout le temps des titulaires. Chaque membre verse la cotisation hebdomadaire obligatoire, qui est restée fixée à son modeste taux, jusqu'à ce qu ait complété le prix d'une action de 25 fr. Nul ne peut avoir moins d'une action; nul n'en peut avoir plus de cinq. Le surplus des fonds figure en compte courant au crédit personnel du dépositaire jusqu'à la limite de 2,500 fr. qui est un maximum. Les caisses d'épargne ne payaient que 3 % d'intérêts; l'association accorde 5 %. Le retrait des fonds peut avoir lieu immédiatement jusqu'à 2 livres 10 shillings (62 fr. 50 c.); au-dessus, il y a des délais fixés, suivant l'importance de la somme.

Les opérations de la Société du *magasin* consistent dans l'achat en gros et la revente au détail des denrées d'alimentation, des vêtements, du linge et de divers objets d'usage général. La vente doit se faire expressément au comptant; aucun crédit n'est accordé. Il est aisé de comprendre que la Société, ayant peu de frais, n'éprouvant pas de pertes, n'avait besoin que d'une clientèle pour prospérer. Dès qu'elle eut la clientèle, ses progrès furent rapides. Afin d'augmenter cette clientèle, elle eut recours à la combinaison la plus ingénieuse et la mieux inspirée par un sage esprit de fraternité. Beaucoup d'ouvriers endettés, ne pouvant rompre leurs rapports avec les débitants devenus leurs créanciers, étaient dans l'impossibilité de s'adjoindre aux camarades dont ils auraient voulu suivre l'exemple. Le conseil décida que la caisse de l'association paierait les dettes de tous ceux qui seraient jugés dignes de cette marque de confiance, sous la condition expresse qu'à l'avenir ils achèteraient tout au comptant dans les magasins de la Société. Quant aux avances ainsi faites, elles furent couvertes de deux manières : en premier lieu , par des remboursements successifs; en second lieu , par des retenues sur les dividendes auxquels les nouveaux admis eurent droit après avoir complété leur mise sociale. Aucun ne manqua à ses obligations. Il est digne de remarque qu'un des plus admirables effets de l'association est d'inspirer le respect profond des engagements pris. Tel qui n'hésiterait pas, peut-être, à se mettre à l'aise vis-à-vis de protecteurs d'une condition différente de la sienne, qui n'apporterait peut-être pas un scrupule extrême à se libérer rigoureusement, au jour de l'échéance, d'une dette contractée vis-à-vis d'un prêteur ordinaire ou d'une banque, se croirait déshonoré s'il trompait la confiance de ses co-associés, s'il risquait de les mettre dans l'embarras par sa mauvaise foi, ou seulement par son inexactitude.

Une des plus sages résolutions fut celle de maintenir les prix de toutes choses très-près de la valeur réelle. Ce devait être assez pour l'acheteur que d'obtenir les marchandises à un prix modéré, avec sécurité complète sur le poids et sur la qualité. Le système contraire , celui qui aurait fait participer immédiatement l'associé aux bénéfices par la réduction du prix de la denrée, aurait présenté plus d'un inconvénient. Ce n'est pas que les détracteurs de l'association eussent été fondés à prétendre qu'il y eût là un changement artificiel dans la valeur des choses et, par suite, un moyen contestable de concurrence. Mais ce qui dut surtout influer sur la décision prise, c'est que, par l'abaissement du prix de vente au niveau rigoureux du prix de revient, la consommation aurait été surexcitée ; que des besoins factices auraient été créés par la trop grande facilité à les satisfaire. Les associés ne perdent d'ailleurs rien pour attendre et ils n'attendent pas longtemps, puisque la répartition des bénéfices a lieu tous les trois mois. Au reste, une idée, non moins heureuse que les autres idées auxquelles les Pionniers de Rochdale doivent leur succès, ne tarda pas à être appliquée, lorsque la situation de la société le permit. On imagina de faire participer les acheteurs aux bénéfices , en proportion directe avec le chiffre de leurs acquisitions. Tout membre , en payant une acquisition, reçoit un bulletin sur la remise duquel lui est attribuée, plus tard, la part de dividende qui lui revient à ce titre. Les bénéfices sont d'abord consacrés au paiement des frais généraux et au service de l'intérêt à 5 p. % des actions et des dépôts ; vient ensuite un prélèvement pour l'amortissement des immeubles et un autre prélévement de 2 1|2 p. °/₀ au profit de la bibliothèque, des écoles et des cours. Le surplus, qui constitue à proprement parler le dividende, forme deux parts dont l'une est attribuée aux possesseurs d'actions de capital, et l'autre aux acheteurs, au prorata de leurs achats. Chacun est libre de toucher cette part de dividende en argent, de la recevoir en denrées ou de la laisser au crédit de son compte dans l'association. Ce dernier parti est le plus généralement adopté. Il est arrivé que le dividende afférent aux achats se soit élevé jusqu'à 12 p. °/₀ pour un trimestre. Une famille ayant acheté pour 100 francs, avait 12 francs à recevoir. C'est ainsi que des membres, qui n'ont jamais versé directement d'autre somme que le montant de leur action obligatoire de 25 francs, se trouvent, par le seul fait qu'ils ont acheté *au magasin* au lieu d'acheter ailleurs, devenus possesseurs de douze à quinze cents francs.

Telle est la société du *magasin* de Rochdale. Inaugurée, il y a vingt ans, par vingt membres, avec sept cents francs de capital, elle compte plus de quatre mille associés et opère, avec un capital de plus d'un million de francs, un mouvement d'affaires considérable. Elle est devenue société mère, aidant à la formation de branches collatérales. Le *moulin* et la *manufacture* sont de ce nombre. Le *moulin* vint le premier en date, et la société, qui n'avait engagé d'abord que 10,000 francs dans l'exploitation du vieux moulin, a consacré successivement 125,000 francs de son capital à la construction d'une nouvelle usine. Elle reçoit les intérêts de ce prêt à 5 °/₀. Les bénéfices sont partagés entre les acheteurs, qui sont principalement le *magasin*, et les membres de la société mère ou des dérivés. Tout ne fut pas heureux dans les débuts de l'entreprise du moulin; mais les difficultés ont été surmontées avec la fermeté dont les directeurs de la société n'ont cessé de faire preuve.

La *manufacture* ne remonte qu'à 1856. Aidés par les capitaux de la société mère, des ouvriers de Rochdale se sont réunis pour fonder une filature. C'est un vaste établissement dans lequel a été immobilisée une somme importante. Quoique la crise de 1857 et de 1858 soit venue bien mal à propos pour la *Rochdale manufacturing coopérative society*, on n'a pas hésité, en 1860, à y installer deux puissantes machines à vapeur et à renouveler une partie du matériel. La guerre d'Amérique a soumis la société naissante à de nouvelles épreuves. Elle les traverse sans y succomber, quoique aux embarras causés par la disette de coton se soient malheureusement joints des dissentiments qui seront toujours le grand péril du travail coopératif sur une vaste échelle et qui seront souvent l'écueil où il échouera. Rien, du reste, n'est plus irréprochable que les principes d'après lesquels ont été réglés, par les statuts de la *Rochdale manufacturing cooperative society*, les rapports du travail et du capital. Les salaires sont payés au prix courant aux ouvriers, qui reçoivent en outre l'intérêt à 5 p. %. du fonds personnel qu'ils possèdent dans l'association. Le surplus du bénéfice (après prélèvement de l'amortissement, de la réserve, etc.) compose le dividende qui se répartit, par égale proportion, entre le capital et le travail. Celui dont le travail représente la même somme que le capital reçoit deux parts égales de dividende ; celui dont le capital versé est supérieur au salaire reçoit deux parts inégales, dont celle qui s'applique au capital est plus forte que celle qui s'applique au salaire, et *vice versâ*. Pour rendre ce mode de répartition plus saisissable, supposons trois intéressés dans l'entreprise : A, qui a versé 100 francs de capital, mais qui ne travaille pas ou qui travaille ailleurs ; B, qui gagne 100 francs par son salaire, mais qui n'a rien versé ; C, qui a versé 25 francs et qui a gagné 75 francs. Supposons en outre que, l'intérêt étant à 5 p. %., le dividende ait été fixé à 6 p. %., le tableau suivant montre le total de la somme que chacun a reçue dans l'année ou qui reste inscrite à son crédit (1).

	CAPITAL.	SALAIRE.	INTÉRÊT du CAPITAL.	DIVIDENDE du CAPITAL.	DIVIDENDE du SALAIRE.	TOTAL.
A	100 »	» »	5 »	6 »	» »	111 »
B	» »	100 »	» »	» »	6 »	106 »
C	25 »	75 »	1 25	1 50	4 50	107 25

L'économiste le plus rigoureux ne trouvera pas une objection contre cette répartition. Le travail et le capital, la création de la richesse et la

---

(1) La *Revue britannique* a publié sur ce sujet, en 1861, un article extrait du *Frazer's magasine ;* un autre article, traduit de la *Quarterly Review* se trouve dans le numéro de février 1864 de l'excellent recueil si habilement dirigé par M. Amédée Pichot.

richesse créée voient leurs droits également respectés; le capital ne reçoit pas seulement un intérêt, mais une part des bénéfices; l'individu prend, dans les avantages de l'œuvre commune, la part qui lui appartient, aux titres divers qu'il possède. L'adoption de ce mode de répartition est la plus éloquente réponse à toute accusation de tendances socialistes. La preuve en serait, au besoin, donnée par la cause même des dissensions nées dans le sein de la société de la manufacture coopérative de Rochdale. Ce n'est pas le travail qui a voulu élever ses prétentions trop haut : c'est le capital qui a voulu modifier les conditions du contrat. De nouveaux venus, contre-maîtres et ouvriers d'élite, enrichis par l'épargne et attirés par le succès de l'entreprise, après être parvenus à s'assurer la majorité, firent adopter la proposition de ne plus attribuer de dividende au travail. Cela n'était pas équitable. Sans doute on devrait repousser énergiquement toute prétention des ouvriers à revendiquer, comme un droit, le partage des bénéfices d'une entreprise créée sans leur participation et placée dans les conditions ordinaires de complète liberté qui doivent présider toujours aux rapports entre eux et les patrons; mais il n'en est pas de même des sociétés coopératrices, dont le principe repose sur la rétribution du travail individuel combinée avec la participation aux avantages, et combinée de telle façon que plus le salaire est élevé, c'est-à-dire plus le travail a été énergique et utile, plus le bénéfice qui y est attaché est grand. J'ajouterai encore que l'admission, librement consentie, des employés et des ouvriers d'une industrie quelconque à une participation aux bénéfices n'a jamais été considérée comme dangereuse et condamnable. Ni les honorables industriels, ni les grandes compagnies qui ont adopté ce système, comme l'a fait, par exemple, la compagnie du chemin de fer d'Orléans depuis 1844, n'ont cru s'exposer au reproche d'introduire une périlleuse innovation dans la société.

A côté des succès de Rochdale, je ne dois pas taire l'échec de Coventry. Etablie sur des bases presque semblables à celles de Rochdale, l'association de Coventry succomba après avoir pris rapidement une grande extension. Probablement il faut attribuer la catastrophe à une mauvaise administration et au caractère, aux mœurs des associés, qui, plus riches et plus habitués au bien-être que ceux de Rochdale, donnèrent trop de part aux jouissances de luxe et achetèrent des terres pour les convertir en jardins d'agrément.

En 1848, peu d'années après l'initiative prise à Rochdale, Leeds eut ses moulins montés et exclusivement possédés par des ouvriers. Les actions étaient de 25 fr. Dix ans plus tard, l'association comptait trois mille membres, vendait pour 1,500,000 fr. de farines et réalisait un bénéfice de 62,000 fr. avec un capital engagé de 250,000 fr. Ces bénéfices se partagent comme à Rochdale, entre les actionnaires et les acheteurs.

L'émulation s'empara d'un grand nombre de districts industriels ; les imitations furent nombreuses et beaucoup ont réussi. Les changements introduits dans la législation depuis quelques années par les nouvelles lois sur les associations, et principalement par la loi de 1862 sur les sociétés de prévoyance, ont favorisé le mouvement d'expansion. Ce mouvement a pris de telles proportions qu'une statistique devient impossible, les dernières informations recueillies étant déjà fort en arrière des faits. Un rapport de M. Tidd Pratt, greffier *(registar)*, constate, en avril 1863, l'existence de trois cent soixante-deux associations nouvelles, enregistrées sous le *provident societies act* de 1862, pour l'Angleterre et le pays de Galles seulement. La plupart sont des magasins généraux pour la vente des comestibles ; plusieurs y joignent les vêtements ; très-peu se livrent à l'exploitation industrielle. Nul doute que le nombre des sociétés ne soit fort augmenté depuis un an.

Les associations qui ont pour but le crédit populaire ne semblent pas destinées à prendre en Angleterre un essor moins rapide. Mais c'est en Allemagne qu'il convient mieux de les étudier, car, si l'Angleterre et surtout l'Ecosse avaient depuis bien longtemps organisé le crédit sur les bases les plus larges, c'est l'Allemagne qui a vu naître les *banques d'avances* exclusivement destinées au crédit populaire. L'origine des banques d'Ecosse remonte à deux siècles. Tout à la fois banques d'émission fiduciaire, banques de dépôt, établissements de crédit, caisses d'épargne, elles embrassent tous les genres d'opérations, s'adressent à tous, servent à tous et font de grands bénéfices en rendant de grands services. Mais elles doivent leur organisation à une liberté illimitée que la législation ancienne n'a jamais accordée en Angleterre et que la législation actuelle refuse, en Ecosse même, aux établissements de création nouvelle. Elles reposent sur des habitudes et sur des mœurs politiques et commerciales très-différentes des nôtres, sur des traditions que nous ne possédons pas. Je ne proposerai donc pas d'y chercher un modèle à importer chez nous. D'ailleurs, l'exemple ainsi donné au delà de la Manche a profité ailleurs et nous revient maintenant de la rive droite du Rhin et de la Prusse surtout, de la Belgique, de la Suisse, avec des modifications qui le rendent plus aisément acceptable.

Depuis quelques années, l'Allemagne a vu se développer les banques populaires de crédit, fondées sur le principe de l'association et de la solidarité, et dont le but est nettement défini par le nom de *banques d'avances* (Vorschussbanken). M. Schultze, de Delitzsch, membre de la chambre des députés en Prusse, a contribué plus que personne à leur imprimer une impulsion vigoureuse par la sage direction de la banque de Delitzsch. Plus de cinq cents associations populaires existent dans la Prusse seule ; un plus grand nombre encore dans le reste de l'Allemagne (1). Elles se sont créées seules, sans secours des gouvernements, sans assistance de capitaux autres que ceux qui ont été fournis par les sociétaires ou obtenus sur leur crédit collectif. Généralement l'intérêt des prêts est à 5 p. %, plus une commission de 1/4 p. % par mois. Cela porte un peu haut, peut-être, le taux de l'intérêt, mais le laisse encore inférieur à celui de la plupart des monts de piété. D'ailleurs l'emprunteur trouve de tout autres avantages dans le crédit *personnel* que dans le crédit *réel*, c'est-à-dire sur nantissement. Ce dernier prive souvent l'emprunteur d'objets de première utilité, et parfois des instruments mêmes de son travail. Chaque associé d'une banque d'avances a un dépôt obligatoire qui forme son *boni*. Jusqu'à concurrence de ce *boni*, il emprunte sur sa signature seule ; au delà, il doit fournir la garantie d'autres associés. La limite extrême des prêts, par rapport au *boni*, varie suivant les banques et suivant la solvabilité de l'emprunteur. Le succès a dépassé toutes les espérances, et plusieurs de ces établissements, dont la solvabilité repose sur la solidarité de leurs associés, jouissent d'un crédit égal, sinon supérieur, à celui des meilleures maisons. Le compte-rendu des opérations de l'année 1862, envoyé à l'agence centrale par deux cent quarante-trois banques seulement, indiquait soixante-neuf mille sociétaires, dix millions de versements volontaires ou dépôts, treize millions de capitaux obtenus par le crédit, constituant, avec le fonds social et les réserves, une disponibilité totale de vingt-sept millions de francs. Les avances faites aux sociétaires dans le courant de l'année s'élevaient à quatre-vingt-huit millions de francs. Tous frais d'administration déduits, ces banques avaient réalisé un bénéfice net de plus de quatre cent mille francs ; somme bien faible s'il s'agissait d'opérations financières ordinaires, résultat considérable pour des établissements uniquement fondés en vue de l'assistance mutuelle.

---

(1) Les sociétés de crédit sont les plus nombreuses ; après elles viennent celles qui se sont formées pour l'achat des matières premières, puis les sociétés de consommation.

III.

Venons à la France.

Peu de tentatives sérieuses d'associations y ont été faites avant 1848, et on n'en citerait guére qui aient réussi. J'ai déjà dit quelles causes principales entravèrent les expériences de 1848 et les firent échouer pour la plupart. Le principe sur lequel les doctrines alors en faveur faisaient reposer les associations était un principe faux. C'était celui d'où sortirent les ateliers nationaux. Subventionner aux frais du Trésor des individus qui s'associaient, c'était lever sur les uns un impôt au profit des autres. Le désir de s'assurer la subvention fut souvent le principal mobile des postulants : la convoitise remplaçait la vocation. Aussi les avances faites par l'Etat ne furent remboursées que par le petit nombre, et il est digne de remarque que ceux là surtout réussirent, qui ne voulurent compter que sur eux-mêmes, et qui s'imposérent héroïquement les plus dures privations pour rassembler le mince capital indispensable à leur association.

Le coup d'état du 2 décembre 1851 emporta presque tout ce qui restait encore debout, tant à Paris que dans les départements, des sociétés créées depuis trois ans. Le droit de réunion disparut, même pour les objets les plus étrangers à la politique. Les associations, assujéties à l'autorisation préalable, trouvaient dans la loi des conditions obligatoires qu'elles ne pouvaient pas remplir. Celles qui voulurent avoir une existence légale durent affecter la forme de la commandite. Aucune, à vrai dire, ne réunit les éléments indispensables au succès de l'association, telle que nous la présentent l'Angleterre et l'Allemagne, libre de se former, de constituer son capital par l'épargne et par l'apport successif, libre de se gouverner par la mutualité et la solidarité. Les sociétés qui, en France, ont voulu posséder tout ou partie de ces conditions n'ont qu'une existence de fait. Quelques-unes ont survécu à leurs sœurs de 1848, ou se sont établies depuis. Les unes sont des sociétés de crédit mutuel qui fonctionnent régulièrement et qui font, sans bruit, beaucoup de bien. La société mère, à l'image de laquelle plusieurs se sont formées, date de 1857. D'autres sont des sociétés de travail coopératif, parmi lesquelles je citerai, comme les plus importantes, celles des maçons, des facteurs de pianos, des lunetiers, des menuisiers en fauteuils, des tourneurs en chaises, etc. Presque tout est à approuver dans l'organisation de ces sociétés, et ceux qui les ont vues à l'œuvre ne sauraient douter qu'avec la liberté qui leur manque, elles ne fussent appelées à se perfectionner, à se multiplier. Ce serait un incontestable bienfait, car elles répandent les habitudes d'ordre, de régularité, de prévoyance, en même temps qu'elles fournissent au petit fabricant des ressources pour son industrie, à l'ouvrier rangé et intelligent les moyens de sortir de la dépendance et d'arriver à produire pour son compte. Au mois d'octobre 1863, une société du *crédit au travail* a été constituée en commandite par soixante-douze souscripteurs, avec un capital de 20,120 fr.; elle compte déjà trois cent quatre-vingt-dix sociétaires, et possède un capital de 62,000 fr. Indépendamment des services qu'elle sera appelée à rendre à ses propres membres, elle se propose de seconder, par des avances, la formation des associations ouvrières. Mes renseignements, l'examen que j'ai fait des statuts de quelques-unes de ces sociétés, les explications que j'ai reçues de plusieurs de leurs membres, les montrent généralement engagées dans une bonne voie. Les tendances chimériques, qui ont fait tant de tort à la France et qui ont malheureusement toujours été plus fortes qu'en Angleterre, perdent chaque jour du terrain. Beaucoup d'ouvriers, presque tous ceux qui sont intelligents, ont franchement et complètement renoncé à des erreurs passées; la grande majorité ne les a jamais partagées. Le succès sera à ce prix. Toute association qui ne prendra pas pour règle les vrais principes sociaux pourra vivre un moment d'une vie artificielle, mais sera fatalement condamnée à périr.

IV.

Il est en France, loin de Paris, une association qui n'est pas assez connue et sur laquelle je veux un peu m'étendre, car elle le mérite à tous les titres : je parle de l'*Association alimentaire* de Grenoble, fondée en 1851 sous les auspices de M. Frédéric Taulier.

La concurrence ne réussit pas toujours à abaisser le prix des denrées alimentaires. Elle peut réduire les bénéfices des vendeurs, sans profiter aux consommateurs. La multiplicité des boutiques de débit et la division

de la clientèle, qui en est la conséquence, augmentent les charges du
commerce de détail et les frais généraux ; il peut donc arriver, lorsque
chacun vend moins, que tous se trouvent dans l'impossibilité de vendre
moins cher, et il arrive trop souvent que des commerçants peu scrupuleux
cherchent une compensation illicite soit dans l'infériorité des denrées,
soit même dans la fraude. La cherté relative est plus grande, surtout
dans les villes, pour les petits que pour les gros consommateurs. L'ouvrier peut rarement faire des approvisionnements ; il achète presque tout
au détail, aliments, vêtements, combustible. En outre, les intermédiaires
se multiplient entre lui et le producteur ou le vendeur, par le motif que
ni lui ni aucun des siens n'a souvent le temps d'aller aux marchés.
Enfin, et c'est là le plus fâcheux, l'ouvrier endetté ou seulement arriéré
achète à crédit. Dès lors, il ne s'appartient plus, pour ainsi dire, et
tombe dans la dépendance de ses fournisseurs habituels, devenus ses
créanciers. Il ne peut plus discuter librement avec eux ni le prix ni la
qualité des denrées. Pour peu que des habitudes de dissipation, nées
souvent du chagrin plus que des mauvais penchants, viennent s'emparer
de lui, la gêne se change en misère, le découragement en désespoir.
Bien peu sortent vainqueurs de cette crise trop fréquente dans la vie de
l'ouvrier. Les uns végètent dans la plus triste situation, les autres
cherchent à s'y soustraire en changeant de résidence, et c'est là une des
principales causes de l'existence nomade. Dans l'hypothèse la plus favorable, en supposant l'ouvrier rangé, le débitant honnête, les prix relativement modérés, il y a toujours une grande et inévitable différence entre
le prix de la plupart des denrées nécessaires à la vie la plus modeste,
selon qu'elles sont achetées en gros ou en détail. La préparation des
aliments exige du temps, du combustible, des ustensiles. Ce soin, qui
est toujours une charge, devient presque une impossibilité dans les
ménages où le travail extérieur est partagé par la femme et par le mari ;
alors on vit mal chez soi ou l'on vit chèrement chez le traiteur ; la difficulté s'accroît s'il y a des enfants ; l'ouvrier célibataire n'a pas le
choix.

C'est sous l'inspiration de semblables idées que fut créée l'Association
alimentaire de Grenoble. Dès 1849, un journal de Grenoble, le *Patriote
des Alpes*, avait appelé l'attention sur une société d'alimentation existant
à Genève et en avait expliqué l'organisation. Le conseil municipal de
Grenoble conçut le désir de doter cette ville d'une institution si utile.
M. Taulier, professeur à la Faculté de droit, était alors maire et s'associa
vivement à cette pensée. Le terrain, il faut le dire, était favorable. Il
est peu de villes en France où l'esprit d'association se soit autant déve-

loppé et ait fait autant de bien que dans l'ancienne capitale du Dauphiné. Plus de quarante sociétés de secours mutuels d'hommes et de femmes embrassent plus de 8,000 sociétaires appartenant presque tous à la classe ouvrière, dans une population de 30,000 âmes. Une seule association, celle des gantiers, compte au moins neuf cents membres. Elle existe depuis 1803 et offre un des types les plus parfaits qu'il soit possible de rencontrer. L'intelligence des Dauphinois est proverbiale; les têtes sont vives, mais les cœurs excellents; les esprits sont indépendants, un peu fiers, ce qui ne gâte jamais rien, mais droits et généreux. On obtient beaucoup d'eux par la raison et par le conseil.

M. Taulier, qui n'est plus, fut secondé par une commission composée de trois hommes qui vivent tous trois et dont il est juste de citer les noms : M. Michal-Ladichère, ancien bâtonnier, M. Joseph Arnaud, alors député de l'Isère, et M. Sestier, aujourd'hui conseiller à la cour impériale de Grenoble (1). Le conseil municipal autorisa le maire à faire les avances nécessaires.

Voyons maintenant l'Association alimentaire à l'œuvre. L'article 1ᵉʳ des statuts est ainsi conçu : « L'Association est une réunion de personnes « ayant le droit de venir acheter, au moyen de jetons acquis d'avance, « les aliments préparés dans une cuisine commune, soit pour les em- « porter à leur domicile, soit pour les consommer dans des réfectoires « mis à leur disposition. » Ces mots : « une réunion de personnes » suffisent pour montrer que la Société admet tout le monde et n'établit aucune catégorie. Elle n'exige de ses membres que de se conformer aux statuts et d'observer le règlement. L'article 14 des statuts donne aux commissaires de service le droit d'exclure des salles tout associé qui trouble l'ordre, de quelque manière que ce soit ; cet associé peut en outre être déclaré déchu de son titre par délibération de la commission. Chaque associé, au moment où il s'inscrit, reçoit une carte nominative et paie, pour l'année entière, 1 franc ou 2 francs, selon qu'il veut emporter des aliments à domicile ou les consommer dans l'établissement. Muni de sa carte, le souscripteur achète, au fur et à mesure de ses

---

(1) Il est juste aussi de dire combien l'association doit au dévouement éclairé de son président et de son secrétaire depuis l'origine, M. Louis Penet et M. Blandin ; au zèle de son commissaire général, M. Poussielgue, et aux excellents services de son économe, M. Moulin. Ces deux derniers sont, comme le président et le secrétaire, en fonctions depuis la création.

besoins et en telle quantité qu'il le souhaite , des jetons qui représentent les divers objets de consommation, aucun paiement ne pouvant se faire en argent. Cette sage disposition permet à quiconque craint de ne pas résister aux tentations qui peuvent l'assaillir, d'assurer la subsistance de sa famille et la sienne propre, en faisant emploi de son salaire, au moment où il vient de le recevoir, pour acheter des jetons. Les associés échangent leurs jetons , à l'heure des repas, contre les mets préparés pour la journée, de sept à neuf heures du matin, de onze heures à deux heures , de six à huit heures et demie du soir. Cet échange a lieu au guichet extérieur pour les aliments à emporter , au guichet intérieur pour les aliments à consommer dans le réfectoire, où les associés seuls sont admis. Les prix ont été ainsi fixés (1) :

1° Soupe (un litre)	0	10 c.
2° Viande , environ 130 grammes ou 200 grammes de poisson sec, cuit et apprêté. .	0	20
3° Légumes (une large portion)	0	10
4° Vin (1⟨4 de litre).	0	07 1⟨2
5° Pain (132 grammes environ)	0	05
6° Dessert (fromage, fruits crus ou cuits) . .	0	10

Les jours maigres, il est préparé des aliments maigres pour ceux qui en désirent. — La liste des mets du jour est affichée près des guichets. Chacun peut consommer autant de portions qu'il veut, ou partager chaque portion avec d'autres convives. Le maximum de la consommation du vin est fixé à un litre par personne et par repas. — Le consommateur va chercher lui-même les mets au guichet et les apporte sur la table, où il trouve sel, poivre, vinaigre, moutarde, carafes, verres, assiettes, cuillères, fourchettes et couteaux. Les garçons de salle desservent et nettoient. La propreté la plus extrême règne dans l'établissement. Une salle est destinée aux hommes, une autre est réservée aux familles et aux femmes seules. — Il est défendu de fumer, de jouer à quelque jeu que ce soit, de chanter, d'engager des discussions politiques ou religieuses, d'apporter aucun journal ou brochure politique.

L'association s'installa le 5 janvier 1851 dans un modeste banquet.

---

(1) Ces prix ont été ainsi établis dès l'origine, sauf pour le vin qui n'était tarifé qu'à 5 cent. le quart de litre. Nous croyons que les autres prix n'ont pas varié; ils seraient probablement plus élevés à Paris.

Le nombre des inscriptions dépassait dès lors 800 ; il fut de 1,500 à la fin de janvier. Un grand nombre d'habitants de la ville avaient tenu à honneur de figurer parmi les souscripteurs. On donnait ainsi un bon exemple, on luttait contre les préjugés et contre les résistances intéressées. La curiosité avait aussi sa part dans cet empressement. Pendant le premier mois ce fut, dans les réfectoires, un flot incessant de dîneurs. Peu à peu ce flot s'apaisa et bientôt l'œuvre ne fonctionna plus que pour ceux dans l'intérêt desquels elle a été créée. Elle est fréquentée principalement par des ouvriers de tous les métiers ; toutefois, les employés et les commis de magasin figuraient au nombre de cent dans le dernier tableau des membres de l'association que nous ayons sous les yeux, celui de 1859, qui comprenait 590 personnes. On y comptait encore 3 agents d'affaires, 2 architectes, 2 artistes, 4 ecclésiastiques, 4 entrepreneurs, 12 étudiants, 18 élèves externes à l'école professionnelle, 11 instituteurs et professeurs, 12 militaires retraités, 9 propriétaires, 20 rentiers, etc. Le chiffre des associés est fort inférieur à ce qu'il était à l'origine, sans que l'œuvre ait perdu de son importance, comme on le verra bientôt par le nombre des jetons vendus. Beaucoup de ceux qui ne s'étaient fait inscrire au début que pour donner l'exemple et faciliter le succès, se sont peu à peu retirés. Aujourd'hui le nombre des associés, à peu près tous membres effectifs, n'est plus que d'environ 450. Il n'y a pas lieu de s'étonner de rencontrer parmi les consommateurs des habitués qui ne sont pas ouvriers. Plusieurs sont souvent dans une position plus intéressante que l'ouvrier proprement dit ; ils gagnent moins et sont tenus à plus de frais ; le service que leur rend l'association est donc un service bien placé.

Le nombre de jetons représentant les rations consommées s'est élevé de 882,000 en 1851 à 1,310,000 en 1856 ; il a été de 1,052,529 en 1862, de 1,112,935 en 1863. Il est à remarquer que les années 1856 et 1857, où la consommation a été le plus forte, sont celles où la cherté des denrées pesait le plus sur la population. Ce sont également les deux années pour lesquelles la vente des jetons de soupe a été relativement le plus élevée : 366,000 en 1856 et 369,000 en 1857. L'utilité de l'association se révèle donc surtout dans les années désastreuses. En ne prenant de viande qu'à dîner on vit bien pour 0. 75 c. par jour, et beaucoup de convives se contentent de cet ordinaire. La ville de Grenoble a fait, il y a quelques années, avec la société alimentaire, un arrangement dans lequel toutes deux ont trouvé avantage, pour la nourriture des professeurs et des élèves de l'école professionnelle. Les dépenses de l'association varient entre 120,000 et 125,000 fr. ; les recettes entre

125,000 et 130,000 francs (1). Le bénéfice, ou, pour mieux dire, l'économie réalisée a été, en 1863 , de 5,226 fr. 55 c. ; les réserves, provenant de la partie non employée des économies successives , montent aujourd'hui à 26,000 fr. Ces réserves ont pour destination de parer à l'imprévu, de renouveler le mobilier, de supporter la cherté accidentelle de certaines denrées sans augmenter le prix des jetons , etc. Le surplus est employé en œuvres philanthropiques (2). En effet, l'article 15 des Statuts est ainsi conçu : « Chaque associé est responsable pour sa « part des engagements de l'association. Nul associé ne peut réclamer « de dividende. Toutes les économies qui sont réalisées par l'association « sont tenues en réserve pour être employées dans l'intérêt de l'éta- « blissement ou dans un intérêt philanthropique, après délibération prise « par la commission administrative et approuvée par les commissaires « de surveillance, réunis en assemblée générale.

« Toutefois, et même dans l'intervalle d'un inventaire à l'autre, la « commission peut disposer, à quelque titre que ce soit, d'une somme « n'excédant pas cinq cents francs. »

L'association est administrée par une commission composée d'un président, d'un vice-président, d'un secrétaire et de douze administrateurs. Cette commission est élue en assemblée générale , à la majorité relative ; toutes ces fonctions sont gratuites. Les quinze membres nommés en assemblée générale choisissent parmi eux le président, le vice-président et le secrétaire. Les employés appointés sont : un commissaire général, un économe, un agent comptable, un cuisinier, un aide de cuisine, un concierge, un ou deux employés subalternes. La commission administrative délègue le soin de la surveillance de l'établissement à un certain nombre d'associés qui sont de service à tour de rôle, un jour par mois, et qui doivent être présents aux heures fixées pour les repas. Le commissaire général est le directeur de la société sous l'autorité immédiate du président et sous celle de la commission administrative, à laquelle les comptes sont présentés tous les mois.

Nous avons déjà dit que la municipalité de Grenoble fit l'avance de la presque totalité des frais de première installation, qui montèrent à 11,317 fr. On aurait, sans peine, obtenu cette somme des associés

---

(1) La ville de Grenoble donne le local , mais laisse l'association parfaitement libre de se diriger à son gré.

(2) En 1863, 3,800 fr. ont reçu cet emploi.

eux-mêmes, puisqu'elle fut promptement restituée à la ville, au moyen
d'un emprunt par cotisation de 5 francs souscrit parmi les membres de
l'association. L'emprunt lui-même ne tarda pas à être remboursé sur les
économies. « L'œuvre est donc indépendante et libre, ainsi que le dit
« M. Taulier dans *le Vrai livre du Peuple*; elle ne relève que d'elle-
« même, parée de ses impérissables bienfaits. »

Telle est l'association alimentaire de Grenoble: Pour la caractériser
complètement, reproduisons encore le passage par lequel M. Taulier
termine le chapitre qu'il lui a consacré : « On a essayé dans beaucoup
« de villes de créer des associations alimentaires à l'instar de celle de
« Grenoble. Quelques-uns de ces essais ont réussi; d'autres ont échoué.
« En général, on ne s'est pas assez pénétré de l'idée fondamentale du
« modèle qu'il s'agissait de copier. Or, c'est le mérite de l'idée qui fait
« toujours le succès de l'œuvre. L'institution grenobloise est un type
« d'association pur de tout mélange. Là, on n'aperçoit que des associés
« figurant tous au même titre, ayant tous les mêmes droits et les mêmes
« devoirs. Je connais une ville où l'élément de domination financière a
« été introduit au profit de bailleurs de fonds; j'en connais d'autres où
« une part trop exclusive a été faite à l'élément religieux, et d'autres
« où les fondateurs ont affecté des prétentions toutes démocratiques.
« Ce sont des erreurs : le genre dominateur offense tôt ou tard; quant
« au genre exclusif, il renferme en lui-même un germe inévitable de
« dissolution. *Tout pour tous, par tous, avec tous*, telle doit être la
« devise de quiconque veut faire le bien. »

L'association grenobloise, lors de son début, suscita quelques ombrages et eut des difficultés à vaincre, malgré le patronage de la municipalité. Mais ces ombrages furent promptement écartés et une bienveillante pro-
tection s'étendit sur elle à dater de 1853. Aujourd'hui il ne viendrait
certainement à l'esprit de personne d'apporter la moindre entrave à une
pareille œuvre. Deux décisions importantes furent prises en 1853 : la
première, par le conseil de préfecture de l'Isère qui jugea que l'association ne devait pas être soumise à la patente; la seconde, par M. le
directeur général des contributions indirectes, rendue sur l'intervention
du préfet à la date du 23 février 1853 et portant que les vins achetés
par l'association et vendus par elle aux guichets, doivent être simple-
ment imposés au droit de circulation. Ces décisions pourraient-elles être
maintenues si l'association se modifiait, et si, au lieu de se renfermer
dans la vente d'aliments préparés, elle se chargeait de la vente en détail
à ses associés des denrées les plus usuelles et les plus nécessaires à la

vie ? Quoique la réponse à cette question puisse être douteuse, une pareille considération ne semble pas devoir arrêter ceux qui, sans s'écarter en rien des idées dont furent inspirés les fondateurs de la société grenobloise, voudraient en combiner les avantages avec ceux que les *Pionniers de Rochdale* ont si complètement réussi à s'assurer.

Les repas pris en commun, à des heures réglementaires, ne conviennent pas à toutes les humeurs, et ne s'accordent pas avec toutes les situations. C'est par ce motif que le système adopté à Rochdale, en procurant aux associés, à prix modéré et avec sécurité complète sur la qualité, les denrées de consommation et les vêtements, étend les bienfaits de l'association à beaucoup d'individus et de familles qui ne sauraient en profiter dans le système de la société grenobloise. Il est probable que telle a été la raison déterminante de l'extension rapide et de la prospérité miraculeuse de l'association de Rochdale.

<h1 style="text-align:center">V.</h1>

La Compagnie du chemin de fer d'Orléans a fondé, dans l'intérêt de tous ceux de ses employés qui veulent s'en servir, deux institutions également dignes d'éloges et d'imitation (1). La première consiste en magasins de denrées de consommation et de vêtements procurant à ceux qui y recourent une économie de plus de 30 p. °/₀, en moyenne, sur les objets les plus nécessaires à la vie ; il est des articles sur lesquels l'économie a été de plus de 100 p. °/₀. Les magasins sont établis à Paris, à Orléans, à Tours et à Bordeaux. L'acheteur envoie son livret, sur lequel il inscrit sa demande, au magasin le plus voisin de lui : on lui renvoie dans le plus bref délai les denrées, étoffes ou vêtements demandés, avec son livret portant mention du prix. Le compte de l'employé est débité de ce prix qui est retenu sur son traitement. En 1862 il a été livré pour 950,000 fr. de denrées diverses et pour 300,000 fr. de vêtements.

---

(1) Depuis 1844, tous les employés ont part aux bénéfices dans une proportion prévue par les statuts. En 1844, 60,468 fr. furent répartis entre sept cent dix-neuf employés. En 1861, une somme de 2,177,999 fr. a été répartie entre six mille cinquante-trois agents.

Les magasins supportent tous leurs frais, sans exception, même le loyer et les transports. Ils ne coûtent rien à la Compagnie et ils ne lui rapportent rien. Aucun motif ne s'oppose donc à ce qu'une association fasse pour ses membres ce que cette Compagnie fait pour ses employés. Telle est d'ailleurs l'opinion très-formelle des administrateurs et des chefs de service que j'ai consultés. Le capital avancé par la Compagnie pourrait être créé aisément par les cotisations des associés, et ce capital, grâce à la vente au comptant, n'a pas besoin d'être considérable. L'association libre pourrait être moins bien dirigée; opérant sur une moins grande échelle, elle pourrait faire de moindres bénéfices; elle devrait, à mon avis, et comme cela se pratique à Rochdale, répartir ses bénéfices au lieu de les consacrer à un trop grand abaissement du prix des denrées; mais il n'y a aucune raison pour qu'une association bien conduite n'aspire pas au succès qu'a obtenu la Compagnie du chemin de fer d'Orléans.

La seconde institution due à la philanthropie éclairée de cette Compagnie consiste en un réfectoire tenu aux ateliers d'Ivry par ces admirables sœurs de charité qu'on trouve partout où il y a du bien à faire. Le réfectoire sert, chaque jour, à plus de mille employés et ouvriers qui peuvent aussi emporter dans leurs ménages des repas dont la valeur est de 0,65 à 0,70 centimes et composés de 225 grammes de pain, 100 grammes de viande, une portion de légumes et une ration de vin.

C'est là l'association alimentaire de Grenoble tout entière, avec la seule différence que la Compagnie n'opère que pour ceux qu'elle emploie. La décence, la propreté, le contentement règnent dans les réfectoires. Il résulte des rapports du service médical que l'état sanitaire des ouvriers s'est notablement amélioré depuis qu'ils se procurent, à prix réduit, une nourriture abondante et saine. La Compagnie du chemin de fer d'Orléans a été violemment combattue par plusieurs de ceux dont elle froissait les intérêts. Elle a été attaquée par des hommes qui se disaient les défenseurs de la liberté et des droits de tous. Elle a soutenu des procès; elle en est sortie triomphante, car elle a prouvé qu'elle ne perdait ni ne gagnait; qu'elle n'était ni un établissement de charité, ni une maison de commerce; que, de sa part, et une fois l'impulsion donnée, tout se bornait à l'intervention la plus irréprochable, sous quelque rapport qu'on voulût l'envisager.

VI.

Les trois buts principaux des sociétés de coopération : — la consommation, — le crédit, — la production, — buts auxquels les sociétaires peuvent tendre conjointement ou séparément, doivent être tous approuvés ; le premier sans réserve, le second et le troisième, le troisième surtout, sous certaines réserves. Les motifs de préférence pour les sociétés de consommation sont indiqués dans le cours de cette étude. L'objet de l'association formée en vue de la consommation est simple, intelligible pour tous, accessible à tous. Les ouvriers ne sont pas seuls appelés à y concourir ; toutes les conditions modestes doivent en profiter. Peut-on douter qu'une association bien dirigée rende de grands services en achetant en gros la farine, les viandes conservées, salées ou fumées, le beurre salé, les huiles, les graisses, les boissons, les légumes et les fruits secs, le sel, le sucre, le café, le thé, le chocolat, le fromage, etc., toutes les denrées enfin dont l'emmagasinement et la conservation sont faciles, pour les revendre en détail et expressément au comptant ? Pourquoi n'y joindrait-on pas le drap, la toile, toutes les étoffes dont se compose l'habillement ordinaire de la population ouvrière, et même les vêtements confectionnés, dont la façon fournirait du travail aux femmes et aux filles des associés ? Sur quel principe d'équité, sur quel droit se fonderait-on pour trouver mauvais que l'association des petites bourses fît ce que peuvent faire les gros capitaux ? Et si les petites bourses ont le bon droit pour elles, pourquoi ne pas leur faciliter les moyens ? Nulle plainte légitime ne saurait se produire, aucune atteinte n'étant portée au principe de la libre concurrence. Ne voit-on pas aujourd'hui de puissantes sociétés commerciales faire, dans de splendides bazars, ce que nous voudrions voir faire, par l'association populaire, dans de modestes magasins ? Et quelle différence entre les deux situations ! Là, de grands frais de loyer et d'éclairage, un personnel nombreux, un capital énorme à rémunérer ; là, les caprices de la mode, les hasards et les dangers de la clientèle. — Ici, nul besoin d'éclat et de bruit, peu de frais généraux, clientèle assurée et pas de mauvais débiteurs ; ici, capital sans cesse renouvelé et restreint, puisque l'achat peut se faire à crédit, dans la mesure des habitudes commerciales, et que la vente se fait toujours au comptant ; ici, ni espoir, ni désir de gros bénéfices ; si ces bénéfices se réalisent, tant mieux ; s'ils font défaut, le but principal de l'association n'est pas moins atteint. Et quels avantages moraux et matériels ! Au prix de la résolution nécessaire pour s'affranchir de ses dettes passées, s'il en a, l'associé contracte l'habitude, l'obligation même de se maintenir au courant de ses besoins. Il échappe aux séductions du cabaret et du café. Tout en vivant mieux il épargne, et l'on sait quel est l'attrait puissant de l'épargne dès qu'elle est commencée. Le petit pécule de l'associé s'accroît par le fait seul de son concours à l'œuvre commune dont il profite tous les jours.

Le crédit n'est pas nécessaire à tous. Pour celui qui reste ouvrier, qui ne se fait pas fabricant ou petit entrepreneur, le crédit deviendrait un péril si l'usage n'en restait pas limité aux besoins accidentels et exceptionnels créés par la maladie ou par le chômage forcé. Le vrai rôle des banques populaires à l'égard de la majorité des associés est donc de favoriser l'épargne, d'offrir un placement toujours prêt, plus avantageux que celui des caisses d'épargne, par la participation aux bénéfices, plus fructueux pour la chose publique, par l'emploi qu'en fait l'association. C'est ainsi que la mission des banques coopératrices a été expliquée par l'auteur du *Crédit populaire*. M. Léon Say, dans une juste et lucide appréciation du livre de M. Batbie (1), conteste la parfaite justesse du titre de *Crédit populaire* ; il aurait mieux aimé voir le livre intitulé : « *De l'emploi productif de l'épargne.* » La preuve que c'est bien *le crédit*, c'est que la plupart des banques coopératrices admettent le concours des capitaux étrangers, et qu'en outre les sociétaires peuvent, tantôt avec, tantôt sans l'appui d'une garantie solidaire, emprunter au-delà de leurs versements. Il n'y a donc pas d'inconvénients à accepter le mot quand on accepte la chose ; il ne faut résister qu'à l'abus. Mais le remède à l'abus se trouve dans les statuts des sociétés de crédit mutuel précédemment constituées, puisqu'un membre n'emprunte, en vertu d'un droit, que jusqu'à concurrence du chiffre de ses dépôts (2) ; au-delà, non-seulement une garantie est exigée, mais le conseil délibère, accorde ou refuse. La sécurité des associations de crédit mutuel est grande, à la seule condition de faire les avances avec discernement. Elles ne prêtent pas obligatoirement ; elles règlent le total des avances sur l'encaisse ; elles ne s'engagent pas à long terme. Enfin, l'exemple de toutes les sociétés allemandes chez lesquelles nous cherchons un modèle à suivre, est là pour prouver combien les pertes sont rares lorsque ces précautions sont observées.

---

(1) *Journal des Débats,* du 12 mars 1864.

(2) Ou du double dans quelques sociétés ; ce qui pourrait devenir dangereux ailleurs que dans les associations peu nombreuses, dont tous les membres se connaissent bien.

De plus graves objections s'élèvent contre les sociétés de coopération pour le travail actif. Une réflexion frappe à première vue : les en-
treprises qui exigent de grands capitaux, de grandes avances et une
longue attente avant de donner le moindre bénéfice, semblent au-dessus
des forces de l'association ouvrière. Telles sont, par exemple, les mines,
les hauts-fourneaux, les forges, la plupart des grandes industries. Les
moulins de Rochdale et de Leeds ont réussi, dira-t-on? Oui, mais ce sont,
à vrai dire, des spéculations faites en commun plutôt que des applications du travail coopératif. La minoterie occupe bien peu de bras ; les
associés qui ont placé là leurs économies travaillent ailleurs. Nous pou-
vons aussi rappeler ce que nous avons dit des vicissitudes et des dissensions intestines de la manufacture coopératrice de Rochdale. De très-bons
esprits, très-libéraux, sans contester théoriquement le principe, ne croient
pas à la possibilité d'une application profitable de l'association ouvrière
à la grande industrie. Ils s'accordent pour souhaiter que les sociétés
de coopération n'embrassent que la fabrication des articles de détail,
qu'elles restent circonscrites dans un cercle peu nombreux de travailleurs
d'élite, se connaissant bien, résignés d'avance à obéir à une direction
concentrée en peu de mains, ou capables d'apporter toujours les dispositions les plus conciliantes à la conduite des affaires communes. En effet,
les plus grandes difficultés ne sont pas surmontées quand le capital est
formé, le local prêt, le matériel acquis. Tout n'est pas dit quand le travail est dirigé avec unité de vues et d'efforts. L'écueil est dans la partie
commerciale de l'entreprise, surtout si elle est destinée à prendre une
certaine importance, si elle n'est pas restreinte à l'alimentation d'un
commerce de détail par une fabrication divisée. Pour acheter les matières premières, vendre les produits, conclure les marchés, il faut,
dans toute industrie, des qualités spéciales : il faut parfois l'autorité.
C'est le gouvernement en petit ; — et le pouvoir exécutif responsable
doit, dans les limites qui lui sont fixées, être libre de son action, même
lorsqu'il relève d'une assemblée souveraine, comme l'est une réunion de
copropriétaires. Pour qu'une association coopératrice prospère, ses membres doivent être propres au *self-government*, porter le sentiment du
devoir aussi haut que-celui du droit, posséder enfin beaucoup des qualités qui font les peuples libres. Les sociétés de travail coopératif qui ne
seraient pas pénétrées de ces vérités périront par leurs divisions, à
l'exemple de ces démocraties qui, ne sachant ni respecter la liberté, ni
se plier sous le joug des lois, se perdent dans l'anarchie pour finir par
abdiquer dans les mains du despotisme.

Il serait hors du cadre de cette étude d'examiner en détail l'état de la législation française et de chercher quels changements doivent y être apportés pour donner aux associations la possibilité de se constituer telles qu'elles existent en Angleterre et en Allemagne. Ces changements n'auraient rien qui dût effrayer, d'autant mieux qu'il serait possible, en les opérant, de tracer aux associations des limites qu'elles ne pourraient franchir, et que le gouvernement conserverait toujours le droit de dissoudre les sociétés qui se laisseraient détourner de leur objet pour faire des incursions sur le terrain de la politique.

La loi du 23 mai 1863, sur les sociétés à responsabilité limitée, n'a presque rien fait dont puissent profiter les sociétés de coopération. Elle ne dispense de l'autorisation exigée par l'art. 37 du Code de commerce, que les sociétés commerciales qui observent les dispositions des art. 29, 30, 32, 33, 34, 36 et 40 de ce Code. Le capital doit être divisé en actions cessibles (art. 34 et 36). Cela est contraire au principe de la plupart des associations; cela est tout-à-fait impossible pour les sociétés coopératrices de crédit et de travail, qui doivent, en raison de la mutualité et de la solidarité, rester libres d'accorder ou de refuser l'admission dans leur sein. La loi ne permet pas la division en actions ou coupons d'actions de moins de 100 fr., lorsque le capital n'excède pas 200,000 fr. ; de moins de 500 fr. lorsque le capital est supérieur. Elle ne permet la constitution des sociétés qu'après le versement du quart, au moins, du capital souscrit (art. 4). Les dispositions de ces deux articles s'opposent à la formation graduelle du capital par cotisations successives, ce qui est la base fondamentale des sociétés de coopération pour qu'elles soient accessibles à tous. En outre, le minimum des coupures d'actions est porté trop haut et l'obligation du versement préalable du quart du capital souscrit équivaudrait souvent à une interdiction. La loi impose aux administrateurs (art. 7) l'obligation d'être propriétaires, par parts égales, d'un vingtième du capital social, ce qui, dans les associations nombreuses, empêcherait de composer le conseil d'administration, ou pourrait en exclure les membres les plus capables. Je me contente de signaler les points principaux. Ce que je dis suffit pour montrer que l'association de Rochdale aurait été impossible en France. Il faut permettre aux sociétés de coopération de réunir les conditions qui sont indispensables à leur existence, ou sans lesquelles elles ne peuvent avoir qu'une existence précaire, si on veut leur ouvrir la voie qui leur a si bien réussi ailleurs, si on veut que la France ne reste pas trop étrangère au mouvement qui s'accomplit autour d'elle.

Chaque jour nous entendons répéter que la France n'est pas encore capable de supporter la liberté politique. Elle est privée de droits et de garanties dont jouissent les peuples qui l'entourent et qui les lui enviaient naguère ; c'est le châtiment de ses fautes. Mais lorsqu'on l'a appelée, au nom de la liberté commerciale, à soutenir la lutte dans son industrie, dans sa marine et dans son commerce, avec des rivaux longuement préparés, on a pris l'engagement de ne pas lui refuser les armes que possèdent ces rivaux, celles du moins qu'on lui peut donner. Ne pas affranchir l'industrie, après l'avoir mise en concurrence avec les nations les plus libres du monde, ce serait une contradiction trop grande ; et si cette contradiction devait durer, ce pourrait être, après un déni de justice, un véritable arrêt de mort. Si la France ne peut vivre qu'en tutelle, si elle est fatalement condamnée à voir se perpétuer les mesures restrictives, les règlements gênants, la surveillance inquiète, toutes les entraves enfin dont le célèbre manifeste impérial de janvier 1860 promettait la suppression (1), qu'on élève, au lieu de les abaisser, les barrières destinées à nous protéger dans cette infériorité morale et matérielle, officiellement proclamée. Quant à moi, j'ai toujours eu meilleure opinion de notre pays, et, lorsque j'ai plaidé la cause de son industrie, j'ai surtout invoqué la nécessité de commencer une réforme par la liberté intérieure, afin de donner au travail national l'égalité de conditions qui seule peut lui donner l'égalité de forces dans la lutte avec l'étranger.

Un projet de loi est, en ce moment même, soumis aux délibérations du Corps législatif, pour enlever le caractère de coalition coupable au concert libre et pacifique entre ouvriers et entre patrons. Certes c'est là un changement considérable, car la question est depuis longtemps débattue, et, jusqu'ici, tous les gouvernements avaient reculé devant une réforme demandée et repoussée avec une égale ardeur. Il reste à savoir si les moyens proposés seront efficaces ; le projet paraît ne satisfaire personne, et il convient d'attendre la discussion publique. Mais je me sens, dès à présent, en droit de penser qu'en acceptant le principe de la liberté de coalition, il est impossible de repousser la liberté d'association pour le travail et pour le crédit. La raison se refuse à trouver pleine d'embûches et de périls cachés l'application de procédés d'amélioration morale et matérielle dont les exemples se pressent autour de nous, et dont l'Europe entière possède ou va posséder les bienfaits. Ceux qui agiraient

---

(1) « Avant de développer notre commerce étranger par l'échange des produits, il faut « améliorer notre agriculture et affranchir notre industrie de toutes les entraves intérieures « qui la placent dans des conditions d'infériorité. » (Lettre de l'Empereur au ministre d'État. — *Moniteur* du 15 janvier 1860).

ainsi s'exposeraient au reproche de n'accorder que les apparences de ce dont ils repousseraient la réalité. Les mots, sans les choses, peuvent momentanément tromper les impatiences et séduire les imaginations ; mais, chez une nation vive et intelligente comme la nôtre, il vaudra toujours mieux résister franchement qu'encourager par des espérances des aspirations qu'on serait décidé à ne point satisfaire. Je ne demande pas qu'il soit fait table rase de la législation ; je demande qu'avec prudence, mais avec résolution, on en élimine tout ce qui a fait son temps, tout ce qu'en écarte la force des choses, tout ce que le gouvernement a si formellement condamné le jour où il a pris l'initiative hardie, inattendue, et, sous certains rapports, radicale et prématurée, d'une révolution dans le régime commercial de la France. La question n'est plus entière ; depuis le manifeste impérial du 15 janvier 1860, depuis le traité avec l'Angleterre, une inflexible logique défend, d'accord avec la justice, de refuser les compensations promises. Le pouvoir qui a fait un usage si étendu des modifications apportées à la constitution par le sénatus-consulte du 23 décembre 1852 (1), n'est certes pas en droit de se plaindre d'avoir été engagé malgré lui dans la voie où il ne lui est plus possible de s'arrêter.

---

(1) C'est par ce sénatus-consulte que le chef de l'État a été autorisé à conclure des traités de commerce et à changer ou supprimer les droits de douane sans le concours des représentants de la nation, faculté qui n'avait été accordée au pouvoir exécutif ni par la Charte de 1814, ni par la Charte de 1830, ni même par la Constitution de 1852.